シニア創業論

正しい想いは、必ず実現する！

自伝・晩晴をめざして

JN045075

三冬社

目　次

序章

自立の意義

……何のために自立が必要か？

シニア創業の3つの意義

①最大の社会貢献（利他の追求）

まずは、社会に最大の貢献をすることによる『利他の追求』による自身の最大限の幸福の追求です。より多くの人々を幸せにした人が、より幸福になると思います。（原因と結果の法則）そのため、生きている限り、社会に貢献することが素晴らしいと考えます。シニア創業の第一の意義であります。

②経済（生き抜くため）

次に、経済的に自立した生活を送るためです。私の父の代までは、日本では終身雇用が成立し、一つの組織で使命を全うすることにより、自身・家族含めて、養える状況にあったと思います。しかし、私達の時代では、給与・退職金・年金などの目減り、終身雇用制の崩壊により、そのことが不可能になりました。更に、今後の少子高齢化・人口減少により、ますます、その傾向に拍車がかかります。

そのため、組織卒業後も、自立して社会貢献し、その代価として収入を得続けることが重要です。シニア創業の第二の意義であります。

③晩晴（明るく健康に過ごすため）

そして、晩年を健康に過ごすためです。心身ともに健康であり続けるには、継続的な他人とのコミュニケーション・運動が必須と思います。日本は、認知症大国です。2020年現在、約

900万人の人が認知症と言われています。認知症になる大きな理由の一つが、脳・身体を使わなくなることと言われています。適切な他人とのコミュニケーション（社会と接点を持つこと）、運動が重要です。『終わりよければ全て良し』、晩晴を目指して、生き抜くことが重要です。シニア創業の第三の意義であります。

第 *1* 章

会社員と会社卒業
⇓自立の必要性

会社は、いつか去らなくてはならない時がきます。

それが、60歳の人・65歳の人・70歳の人がいると思いますが、学校と同様、卒業があります。会社卒業後の人生設計は、長年の課題でした。私の父・叔父は、会社員の技術者で、事業を立上げ、事業部長⇒役員となりました。会社の資産（人・物・金）を使わせていただき、世の中に大きな影響を与える仕事ができたことは、とても素晴らしいことだと思いますし、私にとっても大きな誇りでした。

しかし、会社卒業後は、昔話が多くなり、現在の話が少なくなりました。

外祖父・元岳父は、起業し、会社を設立しました。家族の生活のために起業しましたが、最終的には、業界・地域経済に、貢献しました。また、死ぬ直前まで働いてい

外祖父・南久之

ました。両者を見てきましたが、それぞれ、特長があると思います。

私は、会社員の技術者として生きてきました。会社卒業後も、元気で、社会貢献していきたいと思います。会社員の収入で一生を送れたのは、日本では、明治〜バブル崩壊（１９９１年）まで、特別な一時期、我々の父親の世代までと考えます。

会社は、お給料がいただけて勉強させてもらえる有難い場所です。

日本の人口ピラミッドを図に示しますが、人類史上例のない急速な高齢化、人口減少が予想されています。また、急激なグ

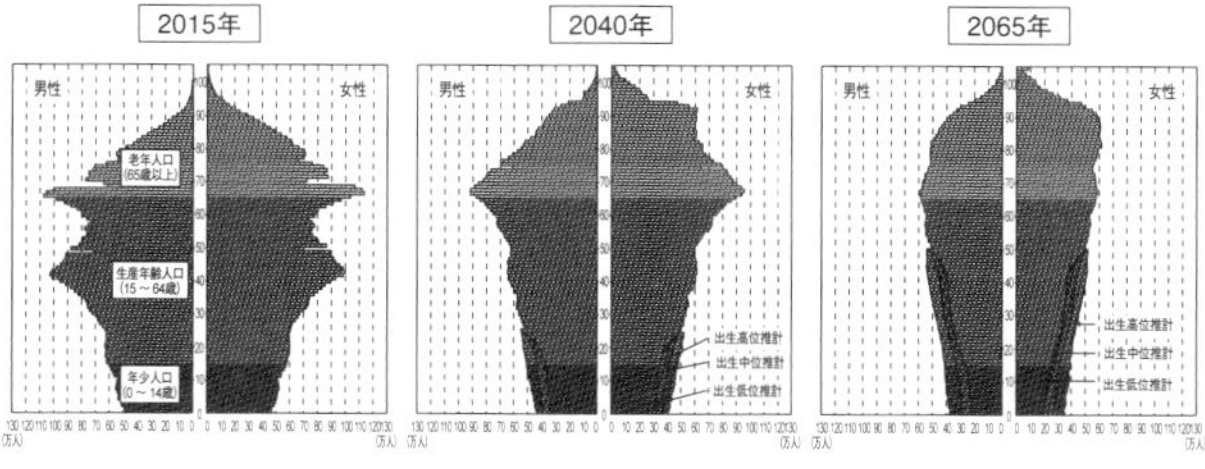

出典：少子高齢社会総合統計年報 2020

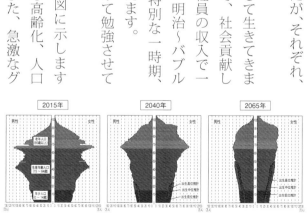

ローバル化！　我々の直面する課題は、多く残されています。

若い世代に頼る・負担を強いるべきではないと考えます。高齢世代の我々が、自立すること、元気であることは必須。そして、新しい日本の姿の構築へと道筋を作っていかなくてはならないと考えます。

世界との協調が、キーワードと考えています。

このことは、私だけでなく、全ての日本の会社員の共通の課題と思います。

会社員として体験⇓日本社会に対する強烈な危機感

京セラでは、切削工具材料（セラミックス・超硬合金）の商品・工程設計を34年間、一貫して担当しました。顧客・関連設備メーカー・一次原料メーカーの多くが海外にあり、北米（アメリカ・カナダ）・ヨーロッパ（ドイツ・オーストリア・スイス・フィンランドなど）に頻繁に行きました。しかし、私の担当するプリント配線基板加工用ドリルの市場は、２００５年以降は東アジア地区（中国・台湾・韓国）に集中しました。（それ以前は、欧米日で3分割でした。）

そのため、海外出張は東アジア地区に集中しました。

東アジア地区の若い経営者・技術者と接する機会が増えました。彼らと接して……また、私を含め、会社の後輩・自分の子供たちと比較し、その違いに愕然としました。その違いは、２つありました。活力と国際感覚です。

まずは、活力です。私の取り扱っている商材・切削工具は、道を歩いている人がお客さんではありません。しかし、香港の京セラの切削工具販売店の社長は、そんなことお構いなしです。香港の地下鉄の駅に、堂々と自分の会社の看板を掲げます。その意気たるや……です。また、中国で技術打合せの際には通訳が付きます。大抵、中国内地出身の若い大学を出たばかりの女性でした。彼女らは、技術打合せが終了すると仕事がありません。そんな時、彼女らは、現場の機械の裏で必死に勉強しています。日本では見ない光景に唖然としました。彼我の活力の差を痛感しました。

次は、グローバル感覚です。東アジアの国では、日常会話・TVから海外を強く感じます。日本とは大きな違いです。他国もそうですが、特に韓国は国際感覚が豊かに感じます。小学生の10％を占めると言われるカモメ族（母子の英語圏留学）、留学生の数、国のGDPの30％を占める三星電子の存在が大きいのでしょうが、外国の存在があって自国が成り立つということを自覚しています。日本は人口が1億2000万人いて、自国である程度経済が成り立つている。安心安全の国、人が親切でモラルも高い、また、食事が美味しく、温泉もある、落とし物も戻ってくる。

多くの人々がこの国の中で一生を過ごせればそれで良いと思っているように感じる。そのため、他の国のため・国際社会のためにという気持ちが希薄なように感じる。外国から見れば、共に語る相手と思われていない、相手にされていないように感じる。国際社会に貢献しない限り、国際社会からのリターンは少なく、幸福の循環が回らないのではないだろうか？

より幸福になるため、活力と国際感覚の欠乏が、日本の大きな問題点と考える。

日本はもっとできる

日本は、道徳・倫理・科学技術に秀でている。東日本大震災時の被災者の秩序ある行動に代表される道徳・倫理、ものづくりに代表される科学技術は、世界有数の水準にあり、国際社会貢献への鍵を握ると考える。

平成の30年間で日本の国際社会への影響力は小さくなったように感じる。今後、日本が国際社会において重要だと認めていただけるよう、若い人と協力し、日本の国際社会への貢献能力の向上をはかりたい。そのことにより、日本自身もより豊かになり、日本再生が実現できると思う。

極端な意見かもしれないが、今後の日本社会の変革には、今までと同じやり方では難しいと思う。今後の人手不足も視野に入れ、シニア・外国人・女性などの活用が必須であると考える。多様な人材の活用の筋道を国の総意をあげて創る必要がある。

また、社会の変革を期すため、若年層の活性化をはかる必要があると強く感じる。

若年層に気付き・刺激を与え、変化・成長への引き金としたい。若年層の感動を呼び起こす気付き・刺激の発信を工夫していきたい。

(若い頃の感動が行動を創る)

第2章

若い頃の感動が自分を創った
＋どん底story

生い立ち・幼年期〜小学校時代

私は、1958年11月17日に、福岡県若松市（現在の北九州市若松区）で生まれた。西鉄ライオンズが日本シリーズで3連敗後4連勝の3連覇で沸き返る福岡の隣で産ぶ声を上げた。洞海湾をまたいだ対岸は、八幡製鉄が黒煙を噴き上げ、日本工業発祥の地ともいえる土地柄であった。父は、日本板硝子若松工場勤務で、硝子製造装置の設計を担当する技術者であった。5歳の時に、父の転勤で、兵庫県伊丹市・西宮市に引っ越した。父は会社の新規事業探索のため、大阪の研究所への移動であった。特許・文献調査から、光ファイバーと出会い、試作・用途開発を経て、日本で初めての内視鏡の商品化に成功した。試作・用途開発の際の海外出張記（スライド映写会）は、幼かった私に海外の強烈なインパクトを与えた。父は、その後、取締役光ファイン硝子事業部長として、光ファイバー事業を成功裏に導いた。

身内として、大変、誇らしい気持ちを持った。小学校時代の大きな思い出は、日本のテレビ衛星放送の初映像・ケネディ暗殺（１９６３年）、東京オリンピック（１９６４年）、その科学技術に

東京オリンピック（1964 年）

大阪万博（1970 年）

アポロ 11 号（1969 年）

全人類が釘付けになった人類月面初着陸（1969年）、世界の技術・文化との接点・大阪万博（1970年）であった。大阪万博の時は、至近の西宮市にいたので2週間に1回は万博に行った。開会式で昭和天皇の前で、トランペットを吹いたのが誇らしかった。毎日ハラハラドキドキの小学校時代を過ごした。

その時の興奮・感動が現在の自身を作り上げたと強く感じる。『心が動いた時、人は変わる』を実感した。

ケネディは1962年に『人類を月に立たせ、生きて帰ってこさせる。10年以内に……』と演説した。凶弾にたおれ暗殺されたが、NASA・アポロ計画に繋がり、1969年のアポロ11号の月面着陸に結びついた。世界中の多くの人が達成できたらいいなと思った。『正しい想いは、必ず実現する！』の素晴らしい実例と思う。

小学校時代の最後は、灘中学受験・合格だった。今から49年前の出来事であるが、同級生との固い絆含め、現在の自分を形作った大きな転機であったと感じる。

灘中・灘高時代

灘中学は１７４人中83番で入学し、灘高校を２２６人中１８４番で卒業した。多くの得がたき友人と出会ったが、学業成績が芳しくなく、あまり良い思い出はなかった。

２年浪人した後、東北大学理学部物理学科に進学した。不得意な英語と化学の入学試験に占める割合が低かったので選択した。

灘中学・灘高校には、幼稚園・小学校からの同級生もいた。小学校からの同級生は５人と多かった。

落ちこぼれだったこと、家族が関東に引っ越したこともあり、高校卒業以降、灘中高の同級生とは疎遠になった。

定年退職間際の２０１９年1月に、幼稚園からの同級生・柳君が、私を捜し当ててくれた。そして同窓会幹事の松村君からメールが来た。『ずっとあなたを探していた。やっと繋がった。』胸がいっぱいになるようなメールを仙台で見たときの感動は忘れられない。再会以降、灘中高の同期には公私共々支えていただき、感謝の言葉しかない。得がたい御縁を感じた。

自身の技術士事務所の屋号は、灘高の小倉先生（英語）が卒業式の日に卒業生を励ます意味で黒板に書いた『Excelsior!（更に、高きを！）』とした。

東北大学

１９７９年に東北大学理学部物理学科に入学した。入学当初は、２年の浪人を取り返すべく、初めての一人暮らし、張り切って、生活した。クラスの代表をかってで、学友会体育部の硬式庭球部に入部し、バイトは新聞配達、勉強もしっかりやった。

充実した生活は２年で力尽き、青葉山・理学部進学後は学校に行かなくなった。

学友会体育部の常任委員、マクドナルド東北一号店の仙台一番町店でのバイト、麻雀にあけくれた。気がついたら２年留年し、放校寸前で、京セラ株式会社に拾っていただいた。

京セラ

１９８５年に京セラ株式会社に入社した。配属は、鹿児島総合研究所であった。総合研究所赴任一日目に、年間の開発計画を示され、期待されていることに興奮したのをよく覚えている。総合研究所では工具材料（セラミックス・超硬合金）の開発に専念した。大学の専門（核物理）とは大きく異なったが、日々の実験（材料の試作・評価）が楽しく、開発品の商品化に大きな達成感を感じた。

１９９２年に総合研究所で開発した超微粒子超硬合金をプリント配線基板加工用ドリルとして商品化するため、機械工具事業本部・鹿児島川内工場に転勤した。

プリント配線基板加工用ドリルは、ＩＴ関連工具で、自動車・航空機産業の業界とは異なり、価格下落が激しい業界の商品であった。京セラは、急激な商品価格の下落、販売促進のための技術サービス体制構築に対応できず、１９９５年に商品化を断念した。しかし、開発された超微粒子超硬合金は、溝ネジ加工用工具材料

『ＰＲ９３０』として商品化された。『ＰＲ９３０』は工具材種として世界最高の売上げを記録し、京セラ機械工具事業本部が切削工具大手メーカーに飛躍する原動力となった。

京セラは２０００年に当時世界2位であったプリント配線基板加工用ドリルメーカー・米国タイコム社を買収した。私は、それ以降、プリント配線基板加工用ドリル材料の商品・工程設計に専念した。スマートフォン用基板の極小径穴開けで95％の市場シェアを獲得した『ＦＷ０８』、材料の加工コスト低減に直結した業界初の『新成形素材の商品化』を実現することができた。

会社員として事業収益の追求は必須でしたが、更に高い視点＝社会貢献（業界一・業界初）を意識し、業界のため、社会のためを追求しました。

定年退職を10ヶ月後に控えた２０１８年5月に会社に雇用延長

しない由を伝えた。

京セラは社員に優しい会社である。60歳以降のシニア社員は給与は大幅に下がるが、60歳を超えても、主体的に業務に取り組める風土がある。そのため、多くの人はシニア社員を選択する。

私は上述の想い(グローバル生涯現役エンジニアとして自立する)があったため、60歳定年退職を選択した。業務の引き継ぎ・技術の伝承・後進への勉強会などを実施し、円満退職した。

2019年3月は31日中22日に会社・技術士会・幼稚園~大学関係者などにより、歓送会を実施いただいた。2019年3月29日が最終出社日であった。最終勉強会の2回目のアンコールが正しく会社員最後の仕事となった。

勉強会終了後、後輩が鞄・花束を持って、滋賀八日市工場正門まで見送ってくれ、万歳三唱してくれた。悔いのあろう筈のない、会社員人生を送らせていただいた。
社会の役に立つことが自身の幸福に直結することを、痛感させていただいた。

第3章

技術士への道

……自立への道・全ては技術士挑戦から始まった

技術士への道……御縁と御送り

技術士を目指した経緯について、説明します。仕事柄、海外にはよく行きました。

2005年以降は、中国・韓国・台湾などが多くなりました。仕事で東アジアの若い人と多く接しました。積極性、勢い、グローバル感覚において、日本と大きな差があると感じました。（自分も含めて、会社の後輩、自分の子供と比較して……）

日本の未来に、強い危機感を抱きました。また、会社員卒業後の人生設計・社会貢献の道筋も、立てていかねばなりません。自分自身が成長しなければ……という想いは、漠然とありました。

２０１１年3月に震災があり、７月に東北大学時代の応援団の後輩・Ｏさん（藤沢製薬⇓独立自営）と会いました。

彼は、私が大学６年の時の1年で、茨城・土浦で、化学の技術士として自営されています。何年ぶりに会おうが、大学時代の先輩後輩の絆は、太いです。

彼は、自分の自立の経緯を、熱く語りました。

その中で、彼は、『技術士は体育会、応援団、みんなで同じ方向向いて高めあう！

最澄じゃない空海、ドイツのギルド、主体性が大事で、何でもできる、最後に松下さんのためにあるような資格』といいました。

技術士のことは、初めて聞きました。

意味不明でしたが、彼の技術士に対する熱意は、感じました。

技術士のことを調べ、素晴らしい制度と感じました。技術士法、社是これらの普遍性ある高いビジョンを実現することを、目標としようと考えました。

２０１１年11月10日、受験を決意しました。難関の技術士試験の合格を期し、受験の決意を揺るぎなき物にするため、左記の３つのことを実行しました。

①決意文の作成：決意を文字にし、単身赴任先のアパートのトイレに貼りました。

②祖父の形見で財布を新作：金属加工業の大先輩である祖父の形見の財布を活用し、財布を新調しました。

③塩沼亮潤大阿闍梨様に面会：御縁を感じた千日回峰行満行の塩沼亮潤大阿闍梨様（仙台慈眼寺）に会い・技術士試験合格祈願をしていただきました。

一次試験は20部門どこでも良いとのことで、計算問題が多く、受

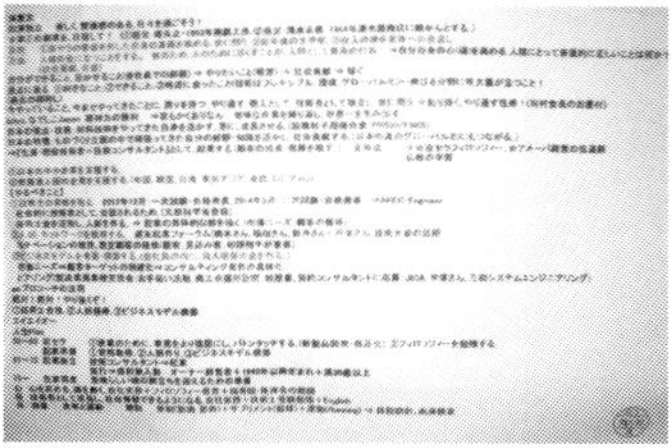
決意文

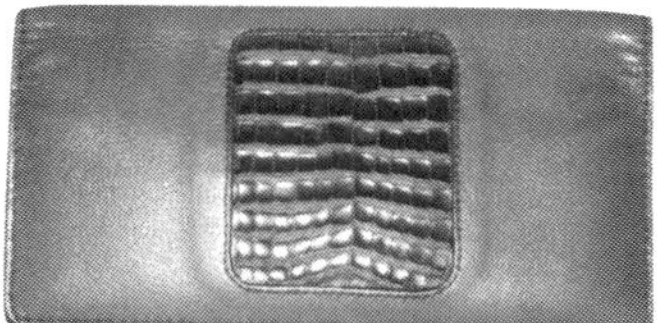
祖父の形見で作った財布

塩沼亮潤大阿闍梨様に面会

験時にほぼ合否がわかる機械部門にしました。一次試験合格後、途方にくれました。一次試験は部門不問ですが、二次試験は自身の専門分野もしくは活躍したい分野で受験する必要があります。自分の専門・超硬合金・セラミックスの商品・工程設計は、金属加工（粉末焼結）に該当します。金属加工は、鋳造・塑性加工・熱処理・溶接・焼結・微細加工など範囲が大変広く、自身の専門分野（粉末冶金）からはほぼ問題が出ない。数行の問題文に対し、６００字詰めの原稿用紙を１枚20分で数枚書く……。試験の準備に何をして良いのか全く不明でした。

そんな時、新宿の紀伊國屋で一冊の本と出会いました。

導かれるまま、本の著者の一人Ｋ氏にメールし、長野県から曳舟に受験指導をいただきに伺いました。Ｋ氏に日本技術士会・金属部会・若手の会・YES-Metals! を紹介いただきました。

Yes Metals 同期受験者（2013 年 8 月）

２０１２年12月22日の第40回会合に初参加させていただきました。YES-Metals!には、３つの大きな特徴がありました。（①部門不問、②年齢不問、③技術士でなくともよい）正しく団体戦の受験……多くの刺激・気付きを受験仲間で共有させていただき、金属部門・総合技術監理部門と2年連続でストレート合格することができました。

【受験番号】

受験番号は、０７０５Ｂ０００１７でした。

07：金属
05：金属加工
Ｂ：自分の血液型
０００１７：誕生日（11月17日）
社会人スタートの地・鹿児島のシンボ

二次試験合格証

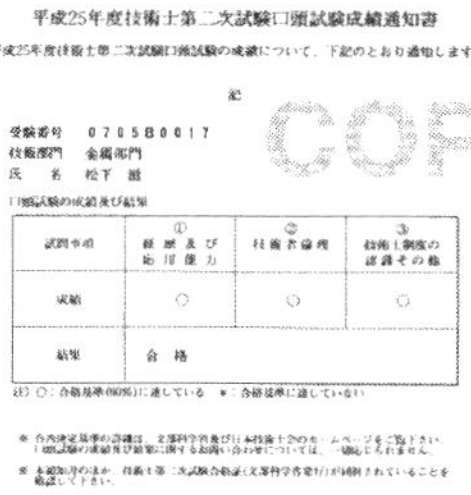
平成25年度技術士第二次試験口頭試験成績通知書

平成25年度技術士第二次試験口頭試験の成績について、下記のとおり通知します。

記

受験番号　０７０５Ｂ０００１７
技術部門　金属部門
氏　　名　松下　潤

口頭試験の成績及び結果

試問事項	① 経歴及び応用能力	② 技術者倫理	③ 技術士制度の認識その他
成績	○	○	○
結果	合格		

注）○：合格基準(60%)に達している　×：合格基準に達していない

※ 合否決定基準の詳細は、文部科学省及び日本技術士会のホームページをご覧下さい。口頭試験の成績及び結果に関するお問い合わせについては、一切応じられません。

※ 本通知書のほか、技術士第二次試験合格証（文部科学省発行）が同封されていることを確認して下さい。

ル・桜島の標高が１１１７ｍ、また先祖の地・石川県のコードも17と受験番号＝合格番号でした。

金属の技術士は宿命

砂金の採れた石川県小松市金平町の村長の家系、遊泉寺銅山の掘削機からスタートした・世界企業・コマツ、コマツ粟津工場長から鉄工所を創業した祖父、自分の仕事＝切削工具と、金属の技術士は宿命と感じています。

技術士試験・最終の口頭試験では、『日本のものづくりと人材育成に貢献する！』を試験官の目を見据え、真剣に伝えることができました。

天国と地獄（２０１４年３月２日～５日）

初めての技術士合格（金属部門）の前後、不思議なことが起こった。

２０１４年３月２日（合格発表の前日）は静岡マラソンに参加した。これまで、一次試験合格発表前・二次試験筆記試験前ともマラソン大会（諏訪湖ハーフマラソン）に参加し完走したので験をかついだ。マラソンランナーの技術士先輩から、強力に勧められた。

静岡マラソンは日程とコース（海沿いなのでフラット）で選んだ。8時50分スタートだったが、10㎞過ぎから雨が激しくなり、30㎞過ぎからの海岸沿いの強烈な向かい風と寒さで身体が動かなくなった。トイレに4回駆け込み、吐いた。何とか完走したが、ゴールで倒れ込んだ。翌日（３日）の朝6時、インターネットで合格番号を確認し、感涙にむせんだ。多くの人々から、祝福の連絡を受けた。合格の翌日（4日）に、諏訪の家庭裁判所から離婚調停調書が届いた。2013年に妻から離婚の申し入れがあったが、二次試験受験勉強開始時に休戦を申し入れていた。返事は無かったが、妻は一日も早く離婚したかったのだろう。合格発表の次の日に、自宅に離婚調停調書が届いた。愕然とした。5日には、機械工具事業本部出身の京セラ川村相談役（元社長）が、京セラ岡谷工場を訪問された。機械工具事業本部は京セラに占める売上比率は僅か約3％、川村事業部長が社長に抜擢されたときは、大変、驚いたものでした。温かくも厳しい指導をいただいた恩師が、正しく、京セラを去られる月に、どこで聞かれたのか、私の設計した新プレス成形素材の工程を見に来られた。生まれてこの方、こんなに褒められたことは、ありませんでした。自身の仕事を恩師に見とどけていただき、感無量でした。

正しく、地獄と天国の４日間であった。

全てのことに意味がある。（原因と結果の法則）地獄と天国は、どん底が先と実感しました。この４日間を経験し、全てのことは磨き砂、困難を鍛錬と捉え、成長していこうと強く思いました。（困難に立ち向かうことで、素晴らしい成果が得られる。）

YES-Metals! の活性化⇒飛躍的な人脈の広がり⇒発信へ

技術士合格後、多くの刺激・気付き・支えをいただいたYES-Metals! の活性化に取り組んだ。２０１５年当初、YES-Metals! は技術士に合格した先輩達が、技術士としての明確な目標を見いだせず、会に定着せず、参加者が少ない状態であった。（参加者３名の会合もあった。）同期合格の５名で執行幹事団を結成し、会の活性化に取り組んだ。具体的には、下記を実施しました。①数値目標の設定（参加人数・講演会数）、②会合プログラムの充実（大先輩・独立起業）、③会員の増員（即時、金属狩り）

これらにより、参加人員倍増、他部門・遠隔地からの参加者の定着、自立技術士の増加が実現でき、会の活性化に繋がりました。特に、日本の高度成長期を支えた圧倒的な実績を誇る大先輩の企業人としての国内

YES-Metals！第100回会合　幅広い年齢層・多部門からの参加

外での活躍、自立起業物語が、会員に多くの刺激を与えました。

２０１８年10月20日には、第１００回の会合を開催できました。全国から、１２０名を超える参加者が集い、素晴らしい大会が開催できました。

イスラエル

会社の仕事を後輩に託し、自身はその次の段階へ！

２０１７年５月15日、思うところあり、独立起業すべく、退職願を提出しました。

７万人の会社のNo.２・専務が事業部長を二人連れて、海外出張の合間をぬって、京都本社から長野の工場まですっ飛んできました。

技術者として、独創的な仕事をしてきた自負はあったが、定年までたかが18ケ月の課長に対する対応としてはびっくりしました。強力に退職を慰留されました。自分を理解してくれる大先輩の熱い想いに心が揺れました。

『考えさせて下さい。少し、休暇を下さい。』

専務が、製造現場のメンバーを説得してくれました。

『松下、少し、疲れとるんや！　休ましたってくれ！』

言葉に甘えました。休暇後に返事することを約束して、師と旅に出ました。（2017年6月3日〜6月11日）

師は、大阪西成出身、日米のハーフ、元全米レスリングチャンピオン、全身刺青の牧師です。

イスラエル、目にした全てが新鮮でした。

知恵と教育の民・ユダヤ人

アジア、ヨーロッパ、アフリカの境界

ユダヤ教、キリスト教、イスラム教の聖地・エルサレム
安息日、男子13歳の成人
国（イスラエル）、言語（ヘブライ語）の復活
師匠は毎日5時～6時、一緒に走ってくれました。（地中海岸沿い、テルアビブ、エルサレムなど）
師匠に想いの丈をぶつけました！　熱く真剣に、聴いて下さいました。（師匠は、止めてくれと言っても、私のことを幸之助と呼びます。）
『幸之助！　お前は愛されている。お前はエンジニアで道を切り拓いてきた。忙しくするな！　少し、肩の力を抜いて、ゆっくり……周囲に委ねる生き方も有るぞ！　道は自分で選べ！』
①世の中の全ての事象は起こるべくして起こっている。（全てのことに意味がある。）②仕事の本質は、サーバント（人の幸せに奉

公する)、③自分が周囲の人々に愛されていることに感謝し、全力を尽くす。

優しい言葉に、涙が頬を伝いました。

何が大切か判りました。(自尊心:自分を信じる心)

潮目が変わるのを感じました!

『目の前の人を幸福にすることに、集中します。会社続投します。』専務から、仕事がよりやり易いようにと配慮いただき、2017年8月から滋賀工場勤務となりました。(仕事は不変です。)

毎日の行動を変えました。(読書、運動、周囲の人々への感謝を表現する。)

会社での仕事の成果(新技術)が、商品に結実しようとしています。生涯現役エンジニア・自立起業の方向性も定まってきました。全てが、うまく行き始めてきました。自身が成功し、後進・社会に伝道していこうと想います。正しい想い（社会に役立つ夢）は、社会の夢となり、必ず成功に繋がります。

ケネディの発案『月に人類を立たせよう』が、死してなお、NASA・アポロ計画に繋がっていったように！

夢があると、人間は磁石になります。心理学も物理学も一緒。

夢ある人が束になると、パワーが増します。

『必要な人がものが寄ってくる。』を体感しました。

『接する人のようになる。』も真実です。

願うより、思うより、私は動く！

Gift（周囲に与えられ受け取ってもらえる環境作り）、Growth（成長し続ける）、Fun（楽しく生きる）を念頭に愛溢れる人になるべく行動していく。

最後の一年半、一日一日に集中し、全力投球しました。

最後の仕事は、後進への勉強会であった。八日市工場で生産技術部・開発部の若手に対して、実施しました。切削工具材料・開発設計手法から、技術士・自立起業の青写真までを話しました。最後の第12回は、2回のアンコール含め、3回実施しました。

２０１９年３月29日、会社員最後の出勤日の15時から、最後の講演『正しい想いは必ず実現する。』をしました。終了後、皆が鞄・花束を持って見送ってくれ、滋賀八日市工場正門で万歳三唱してくれました。涙が出ました。悔いのあろう筈はない、会社員人生を送らせていただきました。大きな社会貢献（できるだけ多くの種類の人に大きな喜びを与える）ことが、自身の幸せに直結することを実感しました。

奇しくも、尊敬する稲盛和夫さんの盛和塾解散、イチロー選手の引退と同時期、そして、改元と合致しました。

第4章

事務所開業

……技術士業務、技術士会活動

技術士事務所の設立コンセプト

２０１９年４月１日、東京に引っ越し、技術士事務所を開業しました。

技術士事務所の設立コンセプトは、自分自身の腹の底からの想いとして、下記としました。

『日本に埋もれている宝物（人材・技術）を掘り起こし、世界平和を実現する。』（国際社会の発展・全体優先）世界は平和になりつつあると思います。（戦争で死んでいる人の減少、貧困層の減少、女性の社会進出など）しかし、環境問題、エネルギー問題、格差是正など、課題も多いです。日本は、科学技術・道徳感・倫理感など優れている部分もあり、更なる国際社会への活躍が可能であると強く感じています。日本人の活力・国際感覚などを改善し、更に、国際社会の発展・世界平和に貢献できるようにしていきたいと思います。そのことが、日本自体の発展・成長、更には、各個の発展・成長に繋がると思います。

上記のコンセプトを頭に叩き込んで、日々の活動を推進しています。

技術士事務所・３つの活動の柱

技術士事務所の活動としては、次の３つを柱と考えています。発信活動・業務・提案です。技術士事務所のコンセプトに合致した内容に取り組みます。

①発信活動：発信活動は、最も重要（＝やりたいこと）と考えてい

ます。収入は少なくボランティアが多いですが、発信は技術士の特権でもあり、また、『自身の意見を社会に発信する』ことは多くの気付き・刺激を発信することにより、社会・発信者（松下）の成長に繋がるからです。最初は、活動の裾野拡大のための同志を増やすことから開始し、人材育成・啓蒙、社会の変化に繋げていけたらと考えます。

具体的には、技術士会内外の講演活動、講演設計がこれに当ります。

②業務：業務としては、顧客から直接、報酬を獲得する労働を実施します。

具体的には、企業顧問・セミナー・勉強会がこれに当ります。

企業顧問（営業支援、技術支援、マッチング事業など）は、コンサルタント・アドバイザーから開始しましたが、信頼関係が深くなるにつれ、企業からの要求は、コーディネーター・プロデューサーに変化していきます。専門分野を核とし、専門分野に拘らず、クライアントの要求に真摯に応えることが重要です。特に、クライアントが気がついていない真の要求を引き出し、クライアントの顧客・業界全体含めた最適化を推進することが大切です。

セミナー（専門技術）・勉強会（創業論）も積極的に実施しました。

③技術の知的資産化：技術の知的資産化については、自分自身の専門技術や自身の所属する勉強会の技術を活用し、新商品・新サービスの提案を推進しています。事業化・法人化し、株式配当などの権利収入を得るのが狙いです。

海外や地方の企業に対し、実施しています。

実績（2019年4月～）

①発信活動

発信活動は、自身の体験に基づき、これまでの知見を発信する。社会の啓蒙活動の裾野の広がりを期すとともに、視聴者のフィードバックを自身の成長に繋げるため実施しています。

発信活動は、技術士資格活用の要点です。公的な資格なので人と会うことができる。（出会い⇓人脈構築）そして、発信（output）の場がいただける。この2つを活用し、技術士の社会浸透を図っていきたいです。

発信活動については、具体的には、左記を実施しました。

a．講演

私の講演のタイトルは、『正しい想いは、必ず、実現する。』です。視点高く（自分のことではなく国際社会）・視野広く（現在から将来へ）考えることにより、万人にとっての正しい想いが構築されます。それを自身の夢とする。その夢は、周囲の多くの人が達成を望むので、自然と応援・強力の輪が広がる。正しい想いは自動的に達成される。上記を、発信しています。現状を、危機感を持って捉えることが重要です。更に良くできると強く思うことが重要です。

【２０１９年の講演実績】

YES-Metals! 第１０３回会合（3／16）

京セラ・八日市工場（3／20・28・29）

近畿本部 機械システム部会（5／11）

化学部会・若手の会（5／25）

YES-Metals! 第106回会合（6／15）

技術士ライフプラン研究会（6／22）

宇都宮・自立起業勉強会（7／5）：勉強会 kick off

京セラ・野洲工場（7／9）、近畿本部 情報工学部会（7／13）

YES-Metals! 第107回会合（7／20）

中国・山西省・技術交流会（8／27）

韓国・仁荷大学・国際シンポジウム（11／2）

船舶海洋／航空宇宙部会（11／16）

近畿本部 活性化委員会（12／7）

【２０２０年】
YES-Metals! 第１１１回会合
（１／25）、新規開業支援研究会
（２／１）

中国・山西科技大学

韓国・仁荷大学

近畿本部・機械システム部会

講演では、多くの温かい励ましをいただいた。下記は一例です。

☆この度は後輩技術者に対し、日本の技術力の現状や、エンジニアとしての人生、考え方についても多くを講義頂き、楽しく参加することができました。

ご自分の人生で良いとき悪いときがありつつも、技術者としてしっかり大きな結果を出していることは、これから私もエンジニアとして会社でやっていくうえで仕事のやり方、考え方を参考にさせて頂きたいと思います。

最後の講義を受けて感じたことは、

①大きなことを成し遂げる人間は大きな苦労をする。

②困難にぶつかっても歩みをとめず前向きにとらえるのが大

事。

☆皆が良いと思う事を自己の目標にし、他者への貢献を通して、自然に他者の協力が集い、その結果自身と家族の幸せに繋がる。一歩ステップアップした気持ちです。私も生涯、目を輝かせて生きる事ができるよう頑張ります。

☆ご講演を拝聴させて頂き、心から共感すると共に、深い感銘を受けました。

日本の現状に危機感を感じることはあっても、自分の力が及ぶところではない、誰かが何とかしてくれる、という一種の諦めの思考になっていた自分と違い、利他の精神をベースに、アウトプットから行動に結びつけている点が、特に凄みを感じる点でした。

小職は現在49歳の会社員ですが、将来は個人のブランドで社会に貢献し、生涯現役でいたい、という夢（具体的なプランはこれからですが）を持っています。

是非とも自立勉強会を大阪で開催頂ければ、と存じます。

b．講演会の企画立案（YES-Metals!、ＣＰＤ支援委員会）
技術士会の活動として、YES-Metals!・ＣＰＤ支援委員会を通して、左記を実施しました。
『自然科学の眼で見た文化財』ＣＰＤ中央講座（２０１９年９／７）
世界遺産保護の取り組みを、東京芸大・筑波大・東京学芸大共同で実施しました。

c．ロボットアイデアコンテスト

YES-Metals! と関係の深い愛知産業様からの依頼で、中高生のロボットアイデアコンテストに、審査員として参加させていただきました。（神奈川県相模原市11／9：見学会、11／30：地域予選）

目的は、技術力向上・若手育成・地域活性化です。

ロボットアイデアコンテスト

②業務

a．技術セミナー

日本アイアール社にて、切削加工のセミナーを実施しました。

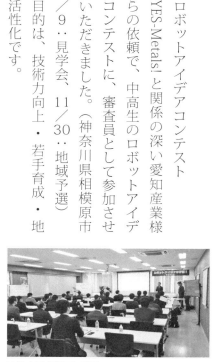

（12／4）

他にも、切削加工入門講座・京セラフィロソフィーとアメーバ経営・アメーバ経営の基礎とR&D活動への応用を企画しましたが、業務多忙にて、実現できませんでした。今後の実現を期します。

b．勉強会

講演会『正しい想いは必ず実現する』をベースとして、自立起業勉強会を実施しています。京セラ時代から関係が深い株式会社フォーカスの寺澤社長に、宇都宮地区の若手企業経営者・5名を集めていただき、開始しました。全ての解は自身の中にある。確固たる想いを構築し、自身の強みを価値にすることを命題にしています。即受注の実践型で、継続しています。

企画書

●企画の概要

講座概要	・テーマ：切削加工入門（仮題）
日程／場所	・日程：2019年9～10月、平日、10：00～17：00の時間帯 ※日程は先生のご都合に合わせて設定します ※上記期間以降の開催でも調整可能ですので、その場合は遠慮なくお申し出いただきたく存じます ・場　所：東京都心部の会議室
対象／人数	・対象・製造メーカーの研究部門・技術部門・開発部門の方 ※機械関連の製造系の企業です ※大手企業の技術者の方が中心となります ・人数：10～20名程度を予定しています
先生へのご依頼テーマ	1. 切削加工に関する基礎と理論・メカニズムについて 2. 様々な切削手法や工具の種類・用途について 3. 適切な工具の選定や切削条件の設定の考え方について 4. 実際の切削プロセスのノウハウやトラブル対策について などの要点について、松下様のご経験・ご研究を交えながら、解説していただく ※質疑応答を含め4～6時間程度を考えております
謝礼	講演1時間当たり15,000円（源泉徴収前）を規定額としております ※詳細は別紙資料をご査収ください

東京・大阪へと広げ、京セラ出身者として、盛和塾の魂を引き継いで実施していきます。

C．企業顧問

人材派遣会社を介し、企業顧問を実施しています。自分の営業は自分ではしない方針です。自分をPR・価値あるように見せることが必要なので、自分でやるのは難しいと思います。他人・第三者に自分をPR・販売していただくのが、説得力があり最良と考えています。

そのためには、人材派遣会社の社員の方含め、自分をよく理解してくれる人・ファンを増やす地道な活動が大切です。技術者としての課題解決能力も大切ですが、相手を敬う・受入れる姿勢（＝敬意・謙虚・感謝・反省・素直）が重要です。人間関係・仕事を進める上での潤滑剤と考えます。

最初は、アドバイザー・コンサルタント業務からのスタートですが、信頼関係が構築されると、コーディネート・プロデューサー業務へと変化していきます。クライアントの要求に次元高く、応えていく必要があります。

自立後、最初に仕事を下さったのは、東京大学のＡＩサークルから出発した２０１７年創業のＡＩベンチャー企業です。学生サークル約６００人を活用し、早く・安く、解決策を提案できます。ＡＩの教育プログラムの販売からスタートした会社で、京セラに販売したい意向で、成約しました。現在は、どこの製造業・医療現場にもある画像解析・ＡＩ判定の導入を推進しています。ＡＩは汎用性が高い技術で、価値が高いです。他の顧問先企業でも活用しています。

2社目は、韓国の金属部品メーカーでしたが、経済状況悪化で6ヶ月間で終了しました。しかし、社長のご子息の出身研究室の紹介で、大学で講演をさせていただきました。また同研究室の卒業生が東京大学のマテリアル工学科の博士課程に2020年から進学することになり、日本のお父さんをしています。ご縁はつながります。

3社目は、大阪の切削工具メーカーです。営業支援・業拡大支援です。

4社目は、大手セラミックスメーカーでした。超高圧焼結材料の事業拡大が命題でしたが、事業計画の見直しで3ヶ月間で終了しました。

5社目は、宇都宮の製造ライン設計

5社目の製造ライン設計メーカー
（株）フォーカス

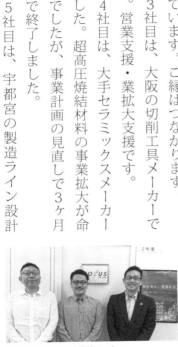

メーカーです。京セラ時代から関係があった機械工具販社から自立起業した会社です。協業を進めています。栃木県産業会館に本社を移転するに際し、経営理念・経営方針・事業戦略・事業戦術を策定しました。順調に事業を拡大しており、自分の会社のように愛着があります。

６社目は、大阪の切削工具メーカーです。商品開発が命題で継続実施中です。

現在は、４社の顧問を実施し

Collaboration（Platform構築）

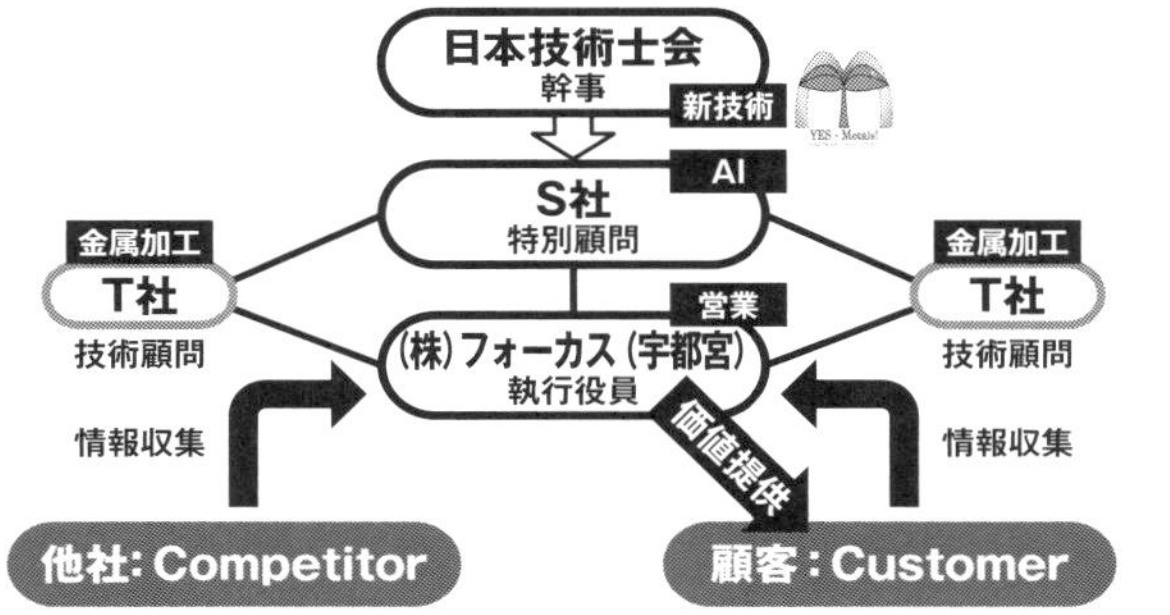

ていますが、相互の関係を活用し、シナジー効果を生み出しています。（右図参照）

講演・セミナー⇓自立起業勉強会会社設立へ

③技術の資産化

新商品・新サービスの提案を実施しています。種々の中小企業・技術士などの新規技術を新商品・新サービスとして、国内外に提案しています。水・農業・環境・医療関連の新技術に注目しています。法人化し、権利収入化をはかります。

知的財産の管理、外為法を厳しく意識し、具体化していきます。

【技術士事務所の屋号】

技術士事務所の屋号は、灘高の卒業式の日に担任の小倉先生が黒板に書いた『Excelsior!』を採用し、consulting office Excelsior! としました。更に高きを！　の意味です。

２０１９年１月１日、仙台慈眼寺の護摩行後、灘高同期の松村君からメールがきました。『ずっとあなたを探していた。やっと繋がった。』

私は、落ちこぼれで引け目が有り、また、家族も西宮から関東に引っ越したため、灘高同期とは音信不通でした。彼らは、15年前から、関東／関西地区で３ケ月おきに同窓会をしていたそうです。その中で、松下滋の探索が始まり、発見にいたったようです。その後、同窓

灘高 29 期同窓会（東京たまあつ会）　2019.07.19

会にも参加させていただきました。中高同期が自立起業を助けてくれました。感謝に堪えません。

学位取得

私は、大学卒業の学士です。博士号取得は考えていなかった。海外（特に中国）では、学位を取得していないことの質問を受ける。日本では、博士は社会に受入れられていないような印象を受けるが、海外では別である。実績は立派なのに、何故、学位を取得されていないのですか？悔しい思いはあったが、学卒なので、修士・博士の取得には、時間も労力も相当かかると考えていた。起業したての余裕がない状

池之上学長

態では、とても学位取得は考えられませんでした。

２０１９年８月１日、私の講演を聞いて下さった武井先生に、思いもかけない言葉をかけらた。『松下君は学位をとるつもりはないのか？学位取得は、国・大学により多様、アメリカの社会人大学で学位の取得が可能だが、検討してみないか？』

びっくりした。セントポール国際大学の池ノ上学長を紹介いただき、博士号を取得することができた。（学術博士・シニア創業論）感謝に堪え

学位取得

武井先生

ない。海外での仕事取得・人脈構築に、大きな力を得た。

令和二年度からは、特任教授を務めさせていただいています。

また、渋沢栄一翁顕彰委員会に参加させていただいた。日本資本主義の父、新一万円札のシンボル、2021年の大河ドラマの主人公の偉人です。

その歩み、哲学をしっかり学ぶことにより、多くの刺激・気付きが得られるものと推察いたします。自身がしっかり学ぶとともに、きちんと情報発信できるよう精進していきたいと思います。

発信強化

2020年1月1日、東日本大震災以降、9年連続で仙台・慈眼寺・元旦護摩行で新年を迎えた。

おみくじは、『改革の時』であった。

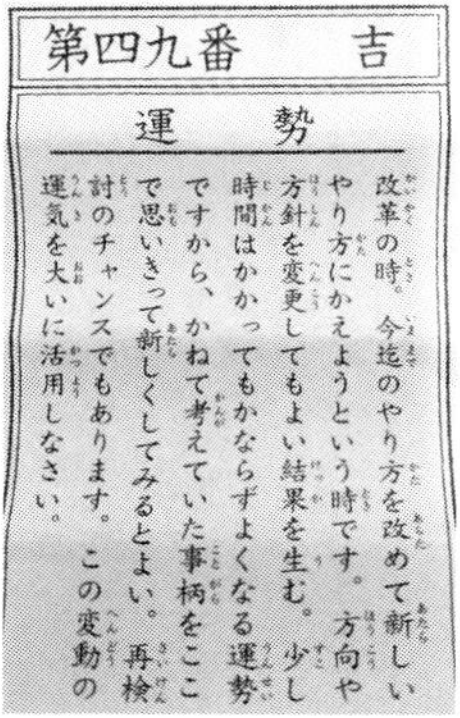

第四九番　吉

運勢

改革《かいかく》の時《とき》。今迄《いままで》のやり方《かた》を改《あらた》めて新《あたら》しいやり方にかえようという時です。方向《ほうこう》や方針《ほうしん》を変更《へんこう》してもよい結果《けっか》を生《う》む。少《すこ》し時間《じかん》はかかってもかならずよくなる運勢《うんせい》ですから、かねて考《かんが》えていた事柄《ことがら》をここで思《おも》いきって新《あたら》しくしてみるとよい。再検討《さいけんとう》のチャンスでもあります。この変動《へんどう》の運気《うんき》を大《おお》いに活用《かつよう》しなさい。

情報発信は、最も重要と考えています。『自身の意見を社会に発信する』ことは多くの気付き・刺激を発信することにより、社会・発信者（松下）の成長に繋がるからです。最初は、活動の裾野拡大のための同志を増やすことから開始し、人材育成・啓蒙、社会の変化に繋げていけたらと考えます。

２０１９年は、国内外20の講演を実施しました。技術士会にとどまらず、企業・大学などで実施することができました。また、初めて、ラジオ出演することができました。（宇都宮ラジオ：10／11、中央ＦＭ・12／20）

同志を増やす活動と自認していま
す。

正月に仙台に同行した友人と議論
しました。

本当にやりたいことは何なのか？
自問自答しました。

日本の社会をより活性化させた
い。日本をより活力あふれ・国際感
覚あふれる国にしたい。日本の強点
である科学技術・道徳・倫理などを
国際社会の発展の貢献に結びつけた
い。そのことにより、日本を幸福な
国にしたい。

中央 FM

自分がしたいのは、社会を変えること。そのためには、社会を構成する他人を変えなければならない。

そのために、何をしなければならないか？　自分はどういう時、変わったか？　感動？

技術士会の中・大学・企業に情報発信しているだけでは、社会は変わらない。

明白です。広く社会に情報発信していく必要があると痛感しました。変革です。

２０２０年は、社会・大衆を意識した情報発信を実施しようと思います。

具体的には、出版・ラジオ番組作成・動画配信を実施しようと思います。

他人を変えるには、感動を与えなければならない。

女性・外国人・子供達を含めた社会に、気付き・刺激を発信し、感動を与えなければならない。多様な人と協力し、工夫した情報発信が必要です。

アイデア発掘（発想法）

アイデア発掘にも力を入れたいと思います。

事業の源は、アイデアです。投資家はアイデアに投資します。アイデア発掘は、技術士の本業といえると思います。

T 式ブレインライティングなどの発想法をベースとしたアイデ

ア発掘会を、技術士会内を中心に、継続して実施していきます。
そのことにより、特許・事業化の源を創りだしていきます。

技術士の情報発信の今後の計画

私の人生は、技術士にあることにより、大きく変化・成長した。技術士制度には、感謝の気持ちしかない。技術士取得の最も大きなメリットは、2点と考えます。公的な国家資格で人に会えること（人が会ってくれる）、講演など情報発信の機会があることです。しかし、道行く一般の人々は技術士を知らない……認知度が低いこと、また、社会貢献もまだまだと感じます。それを変えていきたい。私の技術士制度に対する恩返しをしたいと強く思います。目的は、①技術士の認知度向上、②技術士の活躍推進（活用）⇓産業界・国際社会への貢献です。日本の技術・道徳・倫理の成長・活用を技術士が率先して牽引していく。そして、日本の民度向上を期します。（視点高く、視野広く）具体的には、下記の情報発信を推進していきます。自分だけでは、とても力不足です。技術士会内外の多くの多様な人々の協力を自然と獲得し、達成したいと想います。正しく、『正しい想いは、必ず、実現する。』の検証を実行します。

みんなが技術士になりたくなる、自立起業したくなる、どんどん人生が楽しくなる……。

実現していきます。会社卒業後が、人生の本番です。

	目的	対象	内容	実施時期
①書籍出版				
a.自分史	自分発信、共感者作り	技術者シニア	自分史（想い・気付き・刺激の発信）	2020年6月
b.起業ノウハウ	自立創業ノウハウ伝達	技術者シニア	自立創業のノウハウ本⇒自立創業促進	2020年12月
c.技術士ガイドブック	技術士の活用促進	技術者シニア	自立創業・技術士の活用事例発信	2021年6月
②講演勉強会				
a.自分史	社会啓蒙	技術者学生	想い・気付き・刺激の発信	2020年7月
b.情報発信活動	情報発信活動啓蒙	技術者学生	情報発信活動の伝達⇒広がり・啓蒙	2020年7月
c.発想法	特許出願事業化	技術者学生	発想法講義・発想実践	2020年8月
d.AI課題解決	AIの社会浸透	技術者学生	AI概要、デモンストレーション問題抽出⇒課題解決	2020年8月
③動画作成、配信				
a.PV-1	技術士のPR	技術者	イメージビデオ（5分）展示会・講演会	2021年1月
b.PV-2	技術士のPR	一般大衆	イメージビデオ（20秒）TV・広告	2021年1月
c.YouTube	技術士PR、発信強化	一般大衆	毎日5分YouTube・up⇒継続・横展開	2020年5月
④ラジオ番組作成				
FMラジオ（公共の電波）	技術士のPR	一般大衆	24分×6回の番組作成放送(技術士の活躍)	2021年1月～3月

第5章

シニア創業による社会啓蒙

シニア創業の冒頭に述べた3つの意義

①最大の社会貢献：利他の追求、②経済：生き抜くため、③晩晴：明るく健康に過ごすため。シニア世代がその想いを持って、創業し、生き抜くことが重要だと思います。

シニア創業の想いを自らの体験（会社員生活・技術士・自立起業）を通して、述べてきました。経験豊かなシニア世代が元気に健康で、社会に貢献することは非常に重要と思います。シニア創業を日本社会の活性化・日本人の民度向上に繋げていきたいです。

国際社会に貢献できる日本に成長し、世界からより必要とされ尊敬される日本を構築していきたいと思います。それにより、日本は更に幸福な国になると思います。

国際社会を意識した高い視点、将来を見据えた広い視野が大切と思います。

自身を含めシニア世代がこれを実践していくことも重要ですが、広く社会に情報発信し、社会に気付き・刺激を与える啓蒙活動も重要だと考えます。

情報発信については、まず、書籍出版・ラジオ番組作成配信・動画作成配信を計画しています。

本書が処女作ですが、自叙伝を基に想いを発信しています。２冊目は、シニア創業のノウハウ本、３冊目は、自立起業した技術士による共著・複数の自立起業の事例発信を計画しています。

ラジオは昨年２回出演しました。司会者・他の出演者との流し撮りでの配信でした。

現在、技術士・自立起業・民度向上をキーワードに、ラジオ番組の作成を計画しています。（３ケ月６回）汎用的・継続的に使用できるものを、同志とともに作り上げます。

現在（2020年4月）、世界はコロナウィルス感染症問題に翻弄されています。一日も早い解決を祈ります。東京オリンピック開催を控えた日本が、日本人が、国際社会全体を考えざるを得ないまたとない機会と考えます。いち早く危機を脱し、国際社会に広く良い影響を与えられる可能性のあるこの機会を日本の活性化のため、活かせたらと考えます。

視点高く・視野広く考え、多くの人々が達成を願うことを自身の目標とし、推進する。『正しい想いを必ず、実現する！』を社会に、浸透させていこうと、強く想います。

具体的実践！　自身の強みを価値へ……自立起業勉強会

昨年8月、自身の講演『正しい想いを必ず、実現する！』を基とし、自立起業勉強会を、宇都宮で開始しました。これもご縁からのスタートです。京セラの切削工具の販売店（セラチップ会）の社員が、2019年2月に製造ライン設計メーカーを創業しました。（上述のフォーカス社）私の自立起業は、2019年4月です。二人で協業を目標とし、試行錯誤しました。

フォーカス社の栃木県産業会館への本社移転、私の顧問先企業との協業が実現しました。

フォーカス社社長の寺澤氏は、私の『正しい想いは必ず、実現する！』に大きく共感してくれました。彼が、宇都宮地区の企業経営者を集めてくれて、自立起業勉強会が始まりました。（1回2時間／月×6ケ月）

自身の強点を価値に変えることが、仕事である。（全ての解は自身の中に……）

各回の勉強会は、各月の自身の行動の発表（Good and New）から始まり、テキストの問いかけに対し、自問……そして発表の形式である。和気藹々、自由闊達の勉強会である。横展開・継続をはかります。

自立勉強会のコンテンツは左記です。

①想いと具体化（自分の想い、5年後の姿、多様な視点：時間・空間・人＝立場）

戦略とコンセプト

②価値を尖らす（ありたい姿、自分の強み）

想いを実現するために

③集客を考える

ビジネスモデルの構築と展開（自分の強みを価値へ）

④マーケティング
⑤ビジネスモデル再考
価値をさらに尖らすために
⑥コンサルタント・アドバイザー⇓コーディネーター・プロデューサー
あなたはどう生きるのか？

あとがき

後進への想い……正しい想いは時を超える

２０２０年３月、コロナウィルス禍の最悪のタイミングで、大阪の顧問先の企業の社長の膵臓癌再発が明らかになった。人脈を総動員し、対応中である。多くの方に涙の出るような支援をいただき、社長の全快を推進している。医学界の大先輩と接するとともに、門外漢の医療問題について、勉強中である。日本の癌治療の実態に愕然としている。経緯はどうあれ、国民の命を守る行動を、貫いていきたいと強く想う。

正しく、視点を高く・視野を広く……『正しい想いは、必ず実現する。』の推進である。

自立起業の実行、自立勉強会の実施、社長との出会い・膵臓癌再発……いろいろな想いが体中をかけめぐった。

死ぬのが怖くなくなった。以前は、長生きをしたいと思っていた。自分がどこまでできるのかが、重要だと想っていた。

日々、正しい想いで行動することが重要である。正しい想いは、後進に受け継がれていく。多くの人が達成したいと想う夢は、後進に受け継がれ、必ず、達成される。

精一杯、一所懸命、行動し……正しい想いの実行を進められ、後進にバトンタッチできれば良し……である。

正しい想いは時を超える。世界の平和は近づいてきている。それに日本が力強く貢献できることを、祈念する。

推薦文

正しい想いは、必ず実現する

松下さんに、セントポール国際大学大学院で社会人講座を受け持つにあたり、技術士でもありコンサルタントとして活躍されていることもあり、「自分を見つめなおし自伝を出版してみたらどうだろうか」と薦めてみました。自伝を書き上げることは、「自分とは何か」、「自分の目標とは何か」、「これからの自分はどう進むべきか」を見直し確認するために役に立ちます。また、他人に話をする際に、より説得力のある話ができて、自分を理解していただくことにも役立ちます。

創業するうえで渋沢栄一翁のように人生や経営に哲学を持つこと

が大切ですが、現代の私たちは先人の哲学を勉強して、自分なりの正しい哲学を持つことができます。

松下さんの就職先、京セラの創業者の稲盛和夫さんの言葉ですが「人間の能力は未来進行形で発展します。たとえ今は実現できなくても、1年後、2年後に実現するつもりで努力を重ね、勉強をすれば必ず成長する。そのためにはまず、自分の能力が無限に発展すると信じることです。」と言っています。松下さんの京セラの製品開発の成功体験を若手の中小企業に教えてあげることで多くの中小企業経営者が育ち、京セラに続く優秀な企業が生まれることを願っています。そして、そのことが松下さんの能力を発展させることでしょう。また、稲盛和夫さんは、「世の中に失敗というものはない。チャレンジしているうちは失敗はない。あきらめた時が失敗である。」とも言っています。シニアの創業は「正しい想いは、必ず実現する」

目的で、自分の正しい想いは何か、自分の強みを明確にしておくことが大切です。自分の知識や経験を生かして、実益を得ながら楽しく健康でありたいものです。この本を参考に、シニア創業を通じてより良い人生が送れることを念願します。

令和2年5月吉日　田中直隆

田中 直隆（たなか なおたか）

1940年京都生まれ。明治大学大学院経営学研究科博士課程修了。

「経営は実践である」という信念のもと、20種類以上の職種を経験。

東京家政大学非常勤講師を兼務しながら、経営者として15年あまり実務に携わり奮闘。

事業を後継者に譲り、第一経済大学（現日本経済大学）教授に就任。

その後、帝京大学経営研究所教授、帝京短期大学教授、コロンビア大学客員研究員、
スタンフォード大学客員研究員を歴任。

経営学博士。日本ペンクラブ正会員
（本データはこの書籍が刊行された当時に掲載されていたものです）

「独立のための成功哲学」（PHPビジネスライブラリー）
「小さい会社のつくり方」（日本実業出版社）
「小さい会社をつくる」（ちくま新書）
「企業成長のための 入門経営学」（中央経済社）
「渋沢栄一物語」（三冬社）
「渋沢栄一翁が教える 小さな会社を作って成功する30の基本」（三冬社）
など、44冊の著書がある。

【著者プロフィール】
松下 滋（まつした しげる）
灘高等学校卒業。東北大学理学部物理学科卒業後、1985年京セラ株式会社入社。総合研究所・機械工具事業本部所属にて、金属部品加工用の切削工具材料の商品設計・工程設計ならびに指導に従事。（セラミックス、サーメット、超硬合金、超高圧焼結材料、コーティングなど）プリント配線基板加工用工具材料などの分野で独創的な商品・工程を具体化し、国内外多数の特許を取得。技術士（金属部門・総合技術監理部門）取得後、2019年に技術士事務所を設立し、自立起業。国内外数社の企業顧問、講演、セミナーなど、幅広く活動中。技術士事務所・consulting office Excelsior ！代表（個人事業主）。労働安全コンサルタント、APECエンジニア（Industrial、Mechanical）、IPEA国際エンジニア。株式会社フォーカス（宇都宮・製造ライン設計メーカー）執行役員。株式会社STANDARD（AIベンチャー）特別顧問。セントポール国際大学・特任教授（シニア創業論）、学術博士。公益社団法人日本技術士会・金属部会幹事。金属部会・若手技術者の会・YES-Metals ！幹事など。ラジオ出演…宇都宮コミュニティメディア、中央エフエム。

シニア創業論
正しい想いは、必ず実現する

令和 2 年 06 月 15 日　印刷
令和 2 年 07 月 07 日　発行

著　者：松下　滋
発行人：佐藤公彦
発行所：株式会社 三冬社
〒 104-0028
東京都中央区八重洲 2-11-2 城辺橋ビル
TEL 03-3231-7739　FAX 03-3231-7735

印刷・製本／中央精版印刷株式会社

 ISBN978-4-86563-060-2